AF431124

La hora de tu olvido

Salvador Medina Barahona

– Panamá : Imprenta Articsa, 2008.
154p. ; 21 cm.
ISBN 978-9962-00-386-1
LITERATURA PANAMEÑA – POESÍA2.
POESÍA PANAMEÑA   I. Título.

La hora de tu olvido
© Salvador Medina Barahona
Primera edición, marzo de 2008

e-mail: medinabarahona@yahoo.com
Página web: www.geocities.com/palabraeslibertad

Diseño de portada y diagramación: Jairo Llauradó
Ilustraciones: Ologwagdi y Jairo Llauradó

ISBN 978-9962-00-386-1

Panamá, República de Panamá.

*A ti que habitas
el otro lado
de las cosas.*

La hora
de tu
olvido

«*¿Qué pasará si al llamarte
cae mi voz entre las piedras?*»

Miguel Veyrat

Prólogo

Mientras unos pálidos señores juegan a la guerra
—rondan como águilas furiosas
e invaden, hasta la consumación de los escombros,
los muros y los espacios ajenos—
mi padre recoge las esquirlas de su última escalada.

Mientras los enviados del desastre
tienden su emboscada más allá del estallido
y sus libelos, ánimas terribles,
atan la noticia de pies y manos,
mi padre abandona la ensoñación de las estrellas,
la derrota del mundo.

Todo astro reclama su oscura vastedad.
(Ya en el fondo —padre, tú tal vez no lo sabes—
se escucha la maldición de los dioses:

«¡Llegará el día en que la sangre,
harta de sus pálpitos bajísimos, les deje de latir!
¡Ríos de plomo amargo anegarán sus casas!
¡Barro serán sus pies!»)

Me rehúso a aceptar que él, ya fuera del tiempo,
habite el mismo limbo,
la misma oquedad demoledora,
el mismo universo en ruinas
que aldearon
los enemigos declarados de la ternura.

Cuando se haya ido, cuando ya del todo se haya ido,
cuando su última palabra dé y se haya ido,
los poderosos
—lobos de la peor estirpe
asidos al rebaño desde el amanecer,
vistiendo astutamente la piel de sus ovejas,
lamiendo airosamente las honduras
de las que no ultimó la dentellada—
seguirán aquí, infames, en su tutela
de infiernos.

Adelanto tu partida
para abatir
el dolor
y sus demoliciones.

Una larga ausencia
va gritando en tus ojos,
viola tu cabeza encanecida,
ruta de la memoria,
cueva muda
donde
se ha vaciado
el tiempo.

Pero apelo a tus ojos
para que no me olvides.

Justamente a tus ojos
para que salven la distancia
entre tu ancianidad
y el diminutivo
de mi nombre.

Apelo a ellos
para que vuelvas
a mí
desde el adiós
por los viejos caminos,

trochas
que supieron
de tus pasos
entre las alambradas.

Cerca del miedo,
justo allá
donde creía
que se acababa el mundo,
caminé junto a ti,

niño disperso en el calor
que ahogaba
los matojos
con sus pájaros salvajes
y sus serpientes.

Allá busco tu voz
para que me cuente
historias,
me dé consejos
frente a los precipicios,

me ate a la tierra
cuando intento abolirme
junto al mar…

Hoy
digo tu nombre
como un espejo roto
en la mitad
del olvido.

Hoy
vuelvo a tus pasos
y el sendero,
línea de polvo,
se nos parte.

Todo es quererte, padre:

Exhumar tus horas
bajo
promontorios
ilegibles.

Ahora
que no inventas
el fuego
en tu jornada
para salvarme,
soy yo quien te inventa la mirada.

Quien te incendia señales
para saber
si existes.

Acaso
un canto antiguo
yazca olvidado
en los resquicios
de
tu
boca.

Trato de imaginar
los viajes a la perdición
asignados
a tus pupilas,

tus diálogos con lo inasible,

los pasaportes que sellarías
como un extraño
en la aduana
del destierro.

Pero no puedo, ¿sabes?

¡No puedo!

¡Escupo esta impotencia,

estas ganas
de adherirme

a tu oscuridad!

Te gustaba viajar,

huir
de un lado a otro
cuando te hastiabas
del mismo cielo,

las mismas horas
ácidas,

las mismas aves anónimas.

Yo me sumaba
a tus
peregrinaciones.

Pero iba perdiendo
algo de mí
en medio de los sitios
que
abandonábamos.

Subías
cada plano inclinado
como
si de un juego peligroso
se tratara.

No es fácil subir, decías.

Cuánto lo sé ahora
que la vida canta
y la gravedad
nos pone
un blanco
en el suelo.

Eran
los días
en que mi alma
se acostaba
aquí
y despertaba
allá,

lejos
de los indicios
de la noche anterior,

trashumante
ya no sólo
entre los hitos del sueño

sino entre el calor
de unas sábanas únicas,
casi ruinosas,
acostumbradas.

Seguirte
fue sin embargo
una forma de llegada,
un descubrimiento.

Sin saberlo,
ahorrábamos imágenes,
asombro,

para el día
en que las bombas
arribaran
y nos cercenaran
la inocencia.

Tal vez
era tu forma
de enseñarme
que *viajar*
era vivir

y vivir, la forma
de perder
las cosas
en el rumbo.

Vuelvo
del instante de paz
que fue tu casa.

Pensar que levanté
tan altas paredes desde allí,
música
para otros cimientos.

Todo lo alentabas
desde ese pueblo
anónimo,

reacio hacia los hombres
con leyes
de escaso
corazón.

El río que compartimos
desbordaba
sus espumas
en la boca sedienta
de los jardines,
y con su aliento de algas dulces
bordeaba
luego
la pequeña ciudad,

si es que el río aquel
licuaba algas
entre las aspas filosas
de sus piedras,

si es que en realidad existió,
vino a tu encuentro,
espejeó en mi rostro
y dobló la curva
entre los nobles pinos.

Ese lugar
fue
tal vez
vertedero de caimanes,

casa rodada en cuya sonda
afluían
los gérmenes calcáreos
del arcoiris,

culebra escamada
cuyas placas
hervirían
como sonoros cascabeles
en el ónix
rotundo
de la noche.

Acá,
este otro sitio,
era distinto.

Aquí
no había manera
de aproximar el rostro
a la suave efervescencia
de una humedad
con nombre.

Aquí
los edificios
dejaban
agonizar al sol
en sus monstruosas paredes,

alta esfera amarilla
lamiendo las grietas secas
de sus espaldas.

Los veo ahora:
Tan largos y callados
como entonces.

Sus ventanas desteñidas
como córneas
que la erosión despintó.

Me busco en ellas
y se parecen a las tuyas,
padre,
tras su claridad guardando
un sismo,
y un inmenso nudo
de tristezas.

Viendo
aún más atrás,
ubico la tierra estragada,
los establos,
el polvillo iracundo de los corrales,
las ubres huyendo
de los dedos
como orugas exhaustas y
temblorosas.

Yo los oía caer,
los arroyos de leche,
yo los veía tirar su ruido
en el hondor de un cubo
en que mi lengua abrevaba
y tus largos llamados
se disolvían.

Otra
fue la ruta
que encontramos
para sofocar la rutina,
erigir nuevos paisajes
que hicieran la divulgación de nuevos mitos
y nuevas migraciones:

Fuimos al mar.

Allí me quedé mudo
ante la inmensidad
de los espacios abiertos,

el rompimiento
del líquido verde
en los acantilados,

la hazaña tempestuosa
que se abría
hacia las incertidumbres
y los peces.

Yo no tuve un barrio fijo,
como
los otros.

Un amigo
a quien prestar mis ábacos,
arrebatar sus canicas.

Tuve mar.

Con sus páramos y sus misterios.

Con sus rápidos descensos
y sus crecidas.

Sí,
fueron muchos los sitios.

Tantos
que hoy habito
en la nostalgia perenne
del adiós.

Con los años,
aprendí
lo que se aprende con los años.

Que los hombres nacen
para
crecer
hacia la muerte.

Sacudo el libro de los años compartidos,
y veo jaulas de animales
construidas por ti
para mi libertad,

barquillos achicándose
bajo el peso
de mi lengua,

piezas de dominó
haciendo la suma laberíntica
de los días.

Esos días
que se han subido al lomo
de alguna suerte extraña.

Esos trozos de eternidad
que se nos fueron
quedando
en las esquinas.

Diría que fue ayer.

Que había una secta de tristes
sin oficio;
una pobre melodía
en el cuarto.

Que fue el acecho forzado
de las amazonas,
el peaje carnal,
el tránsito increíble
por la dimensión
de la lujuria.

Que de los cuerpos
caía
una lluvia
mojando
a quemasábanas.

Que hubo un tímido estertor,

un penoso
estallido
de la alquimia,

una víctima ultimada
en el centro
de un catre
sin ternura.

Solías sentarte
con un viejo ejemplar
entre las manos.

A veces pensé
que todo el tiempo
estuviste
indagando
el mismo libro,
la misma historia común.

Yo veía caer las páginas
como
cabellos grises
que se desgajan.

Como bostezos
de códices antiguos
sobre las tardes.

Después sería imposible
no seguir tus mañas,
hurgar en los estómagos
de tus libreros,
descubrir los folios
de una materia prohibida,
en los que hallé legiones
de sexos
oxidados
y arrepentidos.

Pero no te sirvieron los libros
cuando una oscura enfermedad
te puso
fieras malditas
en el vientre.

De nada te sirvieron
las lecciones de parto
y de sutura,
los ritos de auscultación,
los letargos del éter
en las camillas.

De nada te sirvieron frente al miedo.

Tú, mensajero de lo blanco,

dador de vidas
a punto de perder la vida
en los mustios pasillos
de los hospitales.

Tu cara era un óvalo llameante.

Había rastros de piedad
en la nuca
de tus lamentaciones.

Pero qué pronto ascendiste
en la batalla,
qué pronto detuviste
a los mástiles
crecidos
de la ira.

Ahora te vas.

Pero de qué fondo vendrías.

De qué desafío anterior.

De qué profundidad
hecha de historia
y nacimiento.

Te vas
tendiendo puentes como hilos de sangre.

Hay orquídeas,
venados que escupen fuego
por sus astas,
nieblas húmedas
en la irrupción
del día.

No lo olvides.

Este panal quedará aquí
con su quebradero
de calles,

su lepra luminosa,

sus fondos de hambre
y desamor.

No lo olvides.

Será
como un breve centelleo,
una parábola de imágenes,
un júbilo de sol
y multitudes…

Como un cálido bautismo,
una ovación,
un tránsito estelar, será.

¿Será?

Ya no estarás aquí
cuando
suban
al hombre
a su flor
de madrugada.

¿Llegarás a ese reino de sal
en que las estatuas ruedan
y renacen
bajo la estampida?

Cosa extraña.

A veces
la muerte
es un ratón
comiendo
aceitunas.

Adiós
en una tarde de agosto

— Intermezzo —

El padre es un vagón de cabeceos
y abreviaturas
cinceladas
por
los
siglos.

(1)

Te vas,
mi niño grande,
hijo
dormido
en
mis
lágrimas.

(2)

Puede que nos dejes
un legajo de sílabas dispersas,
el sonido que hacías al caminar,
o los ídolos de barro que tu fe
modeló
y quebró.

Estuviste en la caída del primer sueño.

La ola agredía, crecía
entre los vientos
que en ella
se afilaban.

Aupaste los temores
con tu voz
salida de lo claro.

Para mí fue decisivo tu empuje,
¿sabes?,
tu combate luminoso,
tus manos agolpadas
para detener
las aguas.

Estuviste allí.

Esa fue tu forma de quererme.
De lamerme las heridas.

De inventarme la vida
por segunda vez.

Mira que duele
no contarte
a ti
las cosas.

El que no sepas
los hallazgos de mi nombre
bajo las aguas
en furia.

Pero apelo a tus años sabios,
a tus canas;
a tu desnudez longeva.

Avanzo
hasta tus muelles
y me arrullo
en el canto
de tus vísceras derruidas.

Soporto
tu rapto brutal,
tu indiferencia,

esta forma de amor
que me estremece.

Te busco. Otra vez
te busco.

Hacia adentro.
Sepultado ya
en la zona penumbrosa.

Trazo una mirada oblicua
y dejo caer su luz
con el vértice
de un faro.

Pero algo escondes.

Una nube de abrojos
ronda el cuello
de tus rosas
moribundas.

Anclado está el andamio
de tu nomadía,
cartógrafo de latitudes,
geógrafo agitador
del temperamento
de
los
dioses.

Pero lo canto:

¡Emprendo el puzle
de sus costras
perdurables
para que huellen
en mi sueño!

¿Serás
        —acaso—
luz antigua
en la inocencia?

¿El retorno fallido
a una niñez
deshabitada?

¿Será posible este temor?

¿Este extraño juego
de huir
y de nacer?

¿Serás
        acaso
              —digo—
edad antigua
en la inocencia?

¿Lámpara en el éxodo?

¿Escombro
de piel
que me convierte
en el padre de mi padre?

Derrotar esta duda.

Este mal sueño.

Esta hora
ferozmente
escrita.

Te nombro
desde los muchos lugares.
Desde las muchas horas
adumbradas.

Desde el principio
te nombro.
Y desde el fin.

Desde el humo
y lo que no es el humo.

Desde la curva del anzuelo.

Desde mi aire
de hijo triste.

Y desde tu palabra ciega.

¿Cuándo dijiste que partía
tu barcaza
en deuda
con la eternidad?

Espero estar aquí
el día asignado…

(Nada es fortuito, ¿sabes?)

…Ajustar las maletas
con tus medicinas,
tus oraciones,
el sombrero que usabas.

…Cavar

…Hundirme en tu corazón.

…Agitar
a los gusanos de la luz
que tejen tu nido
de relámpagos
bajo el lodo.

Prometiste volver...

Dijiste que volverías
en varias
sumas
de
100
años.

¡Tonto!

Yo apenas digo.
Apenas
dibujo tu regreso.

¡Escritura inútil!

¡Más puede sobre mí
el aullido mineral
de tus despojos!

XVII

¡Quiero contener
la abolladura,
los pies
de tu hundimiento,
el hálito de muerte
que brotó
de un terreno
endurecido!

Busco agua en el pozo
y le arrojo
una moneda;

pero el fondo
me devuelve su quietud,
su presentimiento
ineluctable.

XVIII

¡Vuelve a los arenales!

¡Unta tu sien soleada
con la excreta
de los galápagos!

¡Comulga la baba
de las frutas,
limpias de humanidad,
noria de salvaciones su flor
como un coño
ardiendo!

¡Tráete!

¡Recupérate
en la obstinación
del océano
con tu trenza
de milagros
amanecidos!

XIX

A veces fosforecen
tus astros
por la lluvia ateridos.

A veces
deserta
el alfiler
degollado
en la boca
de tus poros.

Los aceites alientan
tus bujías,
tiranizan la noche.

Y yo te miro
con innúmera ansiedad.

Antes
de que te apagues.

Epílogo

Se sabe que aquí
—donde calla tu sangre—
hablan los pájaros,
vuela tu muerte.

Se sabe que vuelas tú:
Un hombre que es todos los hombres;
un hueso que es toda la casa.

¿Pero a dónde,
envuelto en qué aire,
en qué ola más alta que los muros,
más sombra
que los hombres?

¿A dónde tus ojos,
tan callados?

¿A dónde nosotros,
padre,
por tu noche?

Post scriptum
Blues del dementerio
(un año después)

«Cardo mi corazón
ya no volaba
tu luz…»

Miguel Veyrat

Camino al cementerio

Ese modo del azul en que elegiste quedarte
me pesa
—enormemente—
como
el
agua.

Lápida

Padre,
ángel roído por el trueno,
hoy he llamado a tu puerta,
áspera y fea.

Ofrenda final

Aquí donde la tarde fue pasto comido por los cerdos,
he dejado
—desnudo—
mi piel
colgada
en
tu
esqueleto.

Epígrafe/ 19

Prólogo
(Mientras unos pálidos señores...)/ 23

I
(Adelanto tu partida...)/ 31

II
(Hoy...)/ 37

III
(Trato de imaginar...)/ 43

IV
(Te gustaba viajar...)/ 47

V
(Vuelvo...)/ 55

VI
(Con los años...)/ 67

VII
(Diría que fue ayer...)/ 71

VIII
(Solías sentarte...)/ 75

IX
(Ahora te vas...)/ 81

X
(Será...)/ 87

(Estuviste en la caída del primer sueño...)/ 99

XII
(Te busco. Otra vez...)/ 105

XIII
(¿Serás...)/ 109

XIV
(Te nombro...)/ 115

XV
(¿Cuándo dijiste que partía...)/ 117

XVI
(Prometiste volver...)/ 123

XVII
(¡Quiero contener...)/ 127

XVIII
(¡Vuelve a los arenales!) 131

XIX
(A veces fosforecen...)/ 135

Epílogo
(Se sabe que aquí...)/ 139

Post scriptum, Blues del cementerio
    Camino al cementerio 145
    Lápida 146
    Ofrenda final 147

Sobre el autor

(Mariabé de Pedasí, 1973) ha sido —desde sus inicios— una búsqueda emocionada del ser y una constante indagación de la condición humana. Sus palabras no solo han logrado consustanciar notoriamente esos objetos verbales denominados poemas, sino trascender con ellos (o en ellos) a las más profundas zonas de la Poesía. En Medina Barahona lo íntimo y lo social se confunden en un todo orgánico lleno de vitalidad, donde la ternura coexiste con el desparpajo; el hambre con la cercanía de lo pleno; lo luminoso, con lo áspero y lo sombrío. Dueña de un poderoso ritmo interior, su poesía tiende a conquistar los umbrales de la identidad individual y colectiva; cruza las puertas y sigue su trasiego paulatino hacia el origen: síntesis del hombre.

Obra publicada

Mundos de sombra (poesía)
Viaje a la península soñada (poesía)
Somos la imagen y la tierra (poesía) (Premio Nacional de Poesía Stella Sierra 2000)
Cartas en tiempos de guerra (poesía) (Mención de Honor, Premio Centroamericano de Literatura Rogelio Sinán 2001-2002)
Vida en la palabra vida en el tiempo (ensayos)
Construyamos un puente —31 poetas panameños nacidos entre 1957 y 1983— (compilación en coautoría).

La hora de tu olvido,
de Salvador Medina Barahona,
se terminó de imprimir en marzo de 2008
en los talleres de Imprenta Articsa.
Esta edición estuvo al cuidado del autor.

www.ingramcontent.com/pod-product-compliance
Lightning Source LLC
Chambersburg PA
CBHW062213150726
47991CB00006B/2259